了不起！中国桥

中央广播电视总台《超级工程Ⅱ》节目组 著

童趣出版有限公司编　人民邮电出版社出版

北　京

图书在版编目（CIP）数据

了不起！中国桥 / 中央广播电视总台《超级工程II》节目组著；童趣出版有限公司编. -- 北京 : 人民邮电出版社, 2024.2
ISBN 978-7-115-63136-7

Ⅰ. ①了… Ⅱ. ①中… ②童… Ⅲ. ①桥－中国－儿童读物 Ⅳ. ①U448-49

中国国家版本馆CIP数据核字(2023)第224058号

责任编辑：孙铭慧
执行编辑：张之航
责任印制：李晓敏
美术编辑：马行月　穆　易

编　　　：	童趣出版有限公司
出　　版：	人民邮电出版社
地　　址：	北京市丰台区成寿寺路 11 号邮电出版大厦（100164）
网　　址：	www.childrenfun.com.cn

读者热线：010-81054177
经销电话：010-81054121

印　　刷：北京华联印刷有限公司
开　　本：889×1194　1/12
印　　张：3
字　　数：60 千字
版　　次：2024 年 2 月第 1 版　2024 年 6 月第 2 次印刷
书　　号：ISBN 978-7-115-63136-7
定　　价：39.80 元

版权所有，侵权必究。如发现质量问题，请直接联系读者服务部：010-81054177。

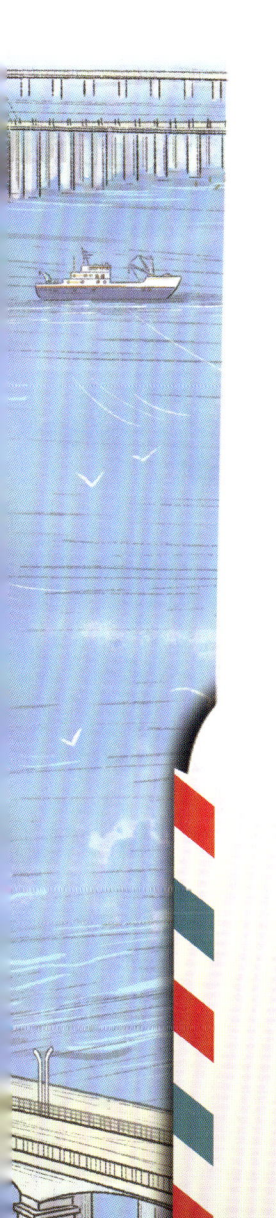

写给小小工程师的话

小小工程师：

  你好！

  我们是中央广播电视总台《超级工程Ⅱ》节目组的叔叔、阿姨。在节目中，我们介绍了中国一些著名的公路、大桥、港口和火车，它们都是了不起的中国工程！我们还想带你更近距离地去观察、了解和感受这些工程中蕴含的科技力量以及中国工程师了不起的智慧。于是我们和出版社的老师一起出版了这套介绍"超级工程"的儿童科普图画书，分别为《了不起！中国路》《了不起！中国桥》《了不起！中国港》和《了不起！中国车》。在书中，你能见到穿山越岭的高速公路，能踏上凌驾碧波的跨海大桥，能身临智能高效的"无人港口"，能体验风驰电掣的高速列车……

  读完这套书，你不仅可以增加对这些"超级工程"的了解，还能学到很多历史、地理、物理等领域的知识，接触到最前沿的科学技术。除此之外，你还会在书中读到一代代中国工程师直面挑战、克服困难的故事，并从中汲取力量、不断前进。相信未来的你也可以成为一名了不起的工程师！加油！

中央广播电视总台《超级工程Ⅱ》节目组

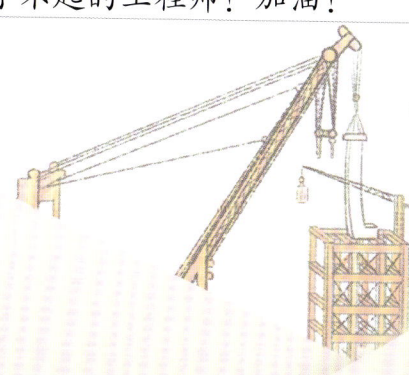

鸣 谢

丛书顾问：

李　炳	中央广播电视总台《超级工程Ⅱ》纪录片总导演
罗庆中	中国铁道科学研究院集团有限公司副总经理
马永红	桥梁建设报社编辑部主任、主任记者　科普作家
田永强	中铁大桥局集团有限公司高级工程师
王玉红	中交第一航务工程勘察设计院有限公司正高级工程师
王泽宁	北京市市政工程设计研究总院有限公司高级工程师
许成汉	交通运输部科学研究院高级工程师
杨　柳	中交公路规划设计院有限公司正高级工程师
袁立莎	中交第一航务工程勘察设计院有限公司正高级工程师
周红萍	交通运输部科学研究院高级工程师
周外男	中铁大桥局集团有限公司副总工程师、正高级工程师　享受国务院政府特殊津贴专家
周　伟	中国铁道博物馆正阳门展馆副馆长

项目组成员： 韩　淼　黄　芳　李卓倧　马行月　孙铭慧　王敬栋　王雨晴　魏　群　阎晓慧　张靖佳　左玉齐

（以上人名按姓氏音序排列）

探秘"超级工程"

扫描二维码,听两个小主播讲趣味科普。

桥，连接了路

在广袤的大地上，奔流的江河孕育了村庄和城市。水，滋养了生命，但却阻碍了交通。为了能走得更远，人们开始建桥。一座座桥耸立起来，跨越峡谷、江河，将一条条路相互连通。

斜拉桥
斜拉索从桥塔上直直地伸出来，紧紧抓住梁。

梁桥
梁平直地架在桥墩上。梁桥是最古老的桥型，独木桥就是最原始的梁桥。

现在中国已成为桥梁大国，正迈着大步向前发展。在世界上跨度排名前10的斜拉桥、悬索桥、拱桥中，中国的桥梁占了一半以上。我们的桥梁工程师一次又一次地打破桥梁的世界纪录，向世界展示了中国"超级工程"的规模、速度和质量。

悬索桥
又名吊桥，把又长又结实的主缆索架在桥塔上，固定在两岸，然后用悬杆把梁挂在主缆索上。

拱桥
一般由梁和桥拱组成。桥拱弯弯的，呈弧形。

万里长江第一桥 武汉长江大桥

你看到江面上的双层桥了吗？上层汽车川流不息，下层火车咣当咣当驶过。这是1957年建成的长江上第一座现代化桥梁——武汉长江大桥。

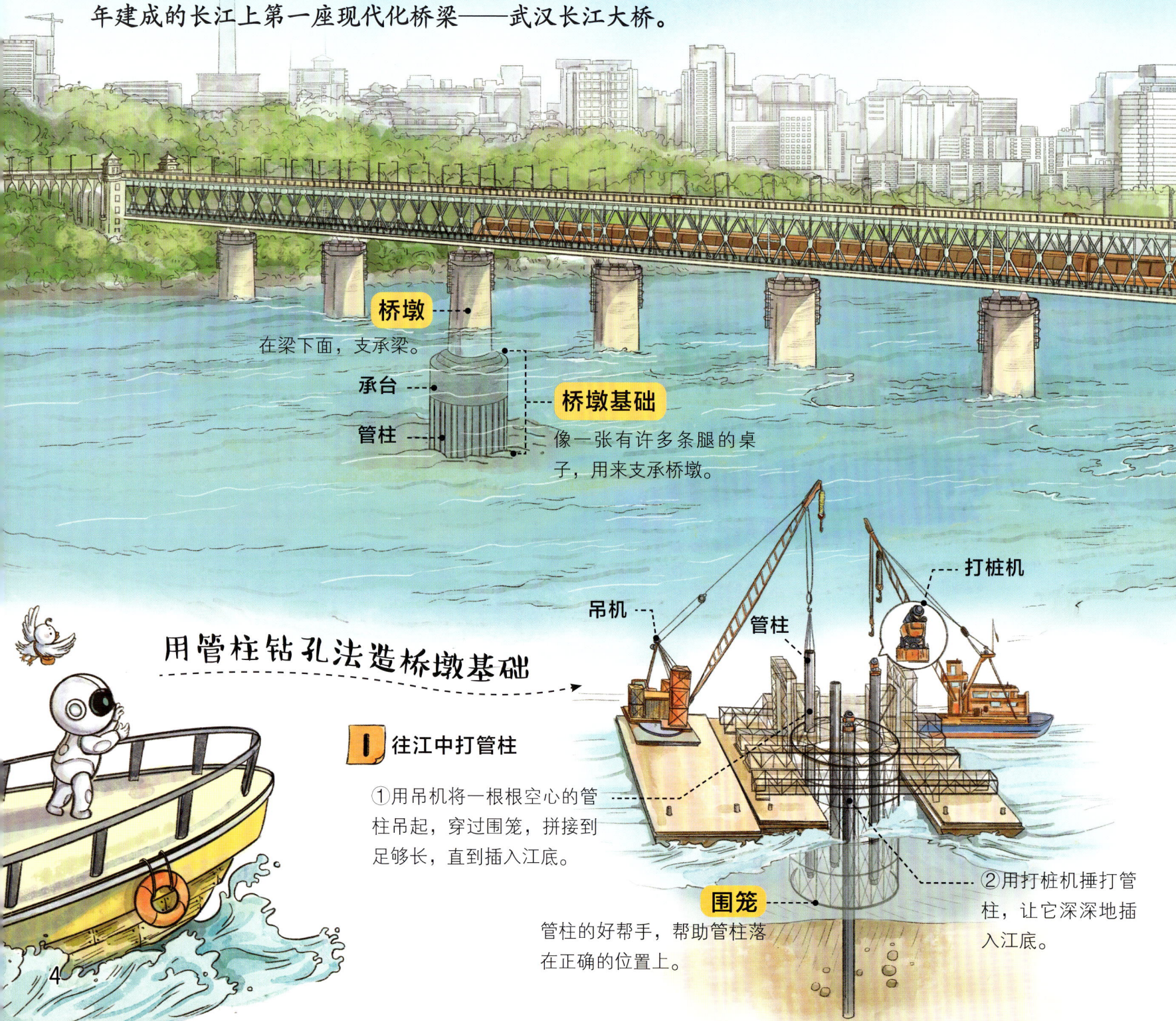

桥墩
在梁下面，支承梁。

承台
管柱

桥墩基础
像一张有许多条腿的桌子，用来支承桥墩。

用管柱钻孔法造桥墩基础

吊机　管柱　打桩机

往江中打管柱

①用吊机将一根根空心的管柱吊起，穿过围笼，拼接到足够长，直到插入江底。

②用打桩机捶打管柱，让它深深地插入江底。

围笼
管柱的好帮手，帮助管柱落在正确的位置上。

武汉长江大桥下的江水很深，能淹没 12 层以上的楼房。在这么深的水里怎样建造桥墩基础？这是个大难题。因为水太深，工人无法下水施工。怎么办呢？桥梁工程师大胆提出了一种巧妙的施工方法——管柱钻孔法。工人只需要在水面上把一根根管柱"栽"到江底，然后再在上面建桥墩就可以了！

桥头堡
位于桥的两端，是桥梁的标志性建筑。武汉长江大桥桥头堡的内部设有电梯，方便游客观光。

梁
横跨在桥墩上，上面承载行人和车辆。

管柱纪念碑
为纪念管柱钻孔法而建的管柱形状的纪念碑。

2 钻孔、灌注混凝土

①把钻具放进管柱里，顺着管柱的内部在江底钻孔。

②用吊机把一节节钢筋笼沿着管柱的内部放到江底，直到钢筋笼高出管柱。

③往管柱里灌注混凝土，把钢筋笼、管柱浇筑成又长又结实的实心柱子。这样，管柱就牢牢地"长"在岩石上了，超级稳固。

江底　钻具　混凝土　钢筋笼

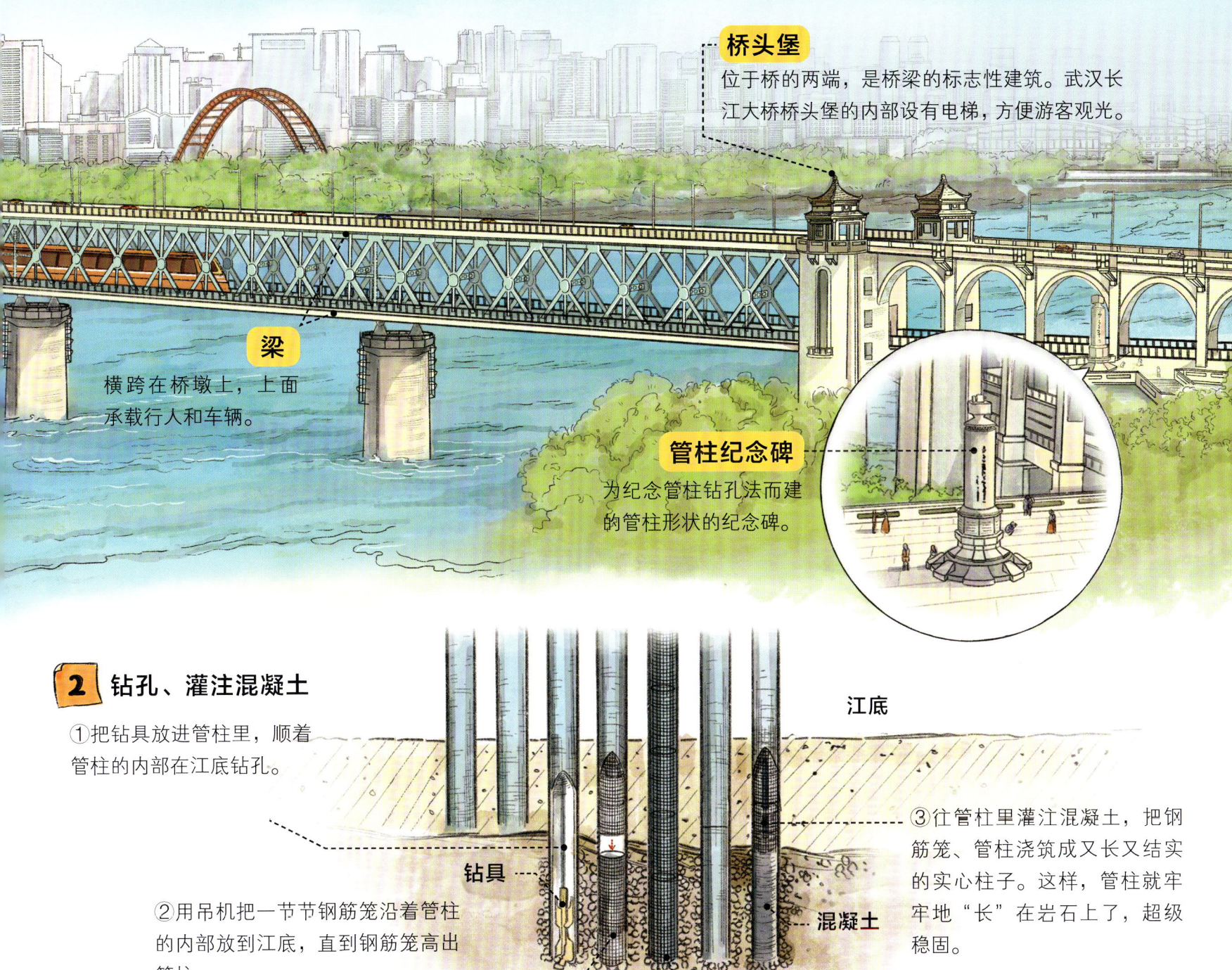

为国争气的南京长江大桥

1968年,又一座跨江大桥——南京长江大桥建成了。这是中国第一座完全由自己设计、建造的现代化跨江大桥。

以前,国外很多桥梁专家来考察,他们连连摇头,觉得这里"水深流急,不宜建桥"。难道真的不能建桥吗?中国工程师打破这种说法,克服重重困难,建成了为国争气的南京长江大桥。

南京长江大桥有两组桥头堡,分别是大堡和小堡。大堡高约70米,相当于24层楼高。这么高的建筑只用28天就建设完成了,在当时创下了建造奇迹!

大堡

小堡

没有桥时,火车如何过江?
扫码观看

建桥困难知多少

1 在复杂的江底建桥墩基础

南京长江大桥这一段的江水和江底地质非常复杂。只用一种施工方法，无法建造稳固的桥墩基础。桥梁建设者们仔细分析、反复试验，最后使用4种不同的方法，把9座桥墩基础稳稳地扎在了江底。

2 自主研发"争气钢"

几十年以前，我们国家的冶钢技术还不发达，桥梁使用的钢材需要从国外进口。但在建造南京长江大桥时，国外无法提供钢材，于是我们的工程师自己研究，最终冶炼出了符合要求的桥梁钢材，为中国的桥梁建设争了一口气。南京长江大桥是中国第一座使用自己研制的钢材建造的桥梁。

眼力大比拼 小小工程师

小小工程师，请仔细观察图中的9座桥墩基础，你能发现哪几座桥墩基础是用相同方法建造的吗？指南已经帮你选好两种类型了，请你将剩下的桥墩基础归好类吧！

类型一　④⑤⑥⑦　　类型二　⑧⑨

类型三　　　　　　　类型四

让高速列车呼啸而过的天兴洲长江大桥

"轰隆隆——轰隆隆——"桥上传来了"复兴号"动车组的轰鸣声!这是长江上第一座让高速列车飞驰而过的桥——天兴洲长江大桥。

天兴洲长江大桥在武汉,它的上层有6条汽车道,下层有4条高速铁路线。它是世界上第一座有4条高速铁路线的斜拉桥。这是怎么做到的呢?我们一起去探索它的厉害之处吧!

斜拉索
一根根斜着的拉索,把梁和桥塔连接了起来。

1 世界首创三索面
在天兴洲长江大桥之前,斜拉桥一般有单索面和双索面两种。但单索面斜拉桥、双索面斜拉桥可载不动这么多火车、汽车。天兴洲长江大桥首创三索面。三索面力大无比,能拉起更重、更宽的梁,也让天兴洲长江大桥成了当时的载重冠军。

索面
斜拉索顺着桥的方向形成的面。

梁

2 研发新设备，让桥长出"巨脚"

车的速度越快，对桥产生的冲击力越大。但天兴洲长江大桥不怕，因为它的桥塔基础就像巨大的"脚"，让整座桥站得稳稳的。桥塔基础之所以能这么稳当，是因为有几十根直径3.4米粗的桩，一起扎在江底。这个桩比武汉长江大桥的管柱粗得多。当时的钻机功率不够大，不能钻这么大的孔。于是工程师埋头研制出KTY4000最新型钻机。有了新钻机的保驾护航，工程师就能钻直径更大的孔了。

如何用KTY4000型钻机钻孔建桩？

KTY4000型钻机

①把钻具放进钢护筒里，顺着钢护筒到达江底。

钢护筒

②在江底钻孔。

③钻完孔，向下放钢筋笼。

④灌注混凝土，筑成桩。

桥塔

桥塔基础

桩

"一步过江"的五峰山长江大桥

悬杆
主缆索的附属零件,梁通过悬杆悬挂在主缆索上。

南锚碇

上跑汽车、下跑高速列车的悬索桥

梁

　　越来越多的桥在长江上建了起来,江中的桥墩也越来越多。轮船在江上通行时,得躲避桥墩,小心翼翼地开。真是既麻烦又危险!

　　2015年,江苏省镇江市要建一座公铁两用跨江桥。为了不影响轮船航行,这座桥不能在水中有桥墩。但当时世界上还没有一座桥既能跨过1000多米,又能让高速列车通过。2020年,五峰山长江大桥终于建成通车了,它一步"迈"过长江,是一座上层跑汽车、下层跑高速列车的悬索桥。

能跑高速列车又能"一步过江"的秘密

1. 能吊起航空母舰的主缆索

五峰山长江大桥的主缆索是两根超级结实的大钢绳。每根主缆索由4万多根钢丝紧紧地扎在一起,能轻松吊起满载的"辽宁"号航空母舰。

主缆索
拉起梁,承担梁自身的重量和梁上行驶的车的重量。

主缆索横切面

钢丝
127根钢丝组成一根横截面为六边形的索股。

索股
352根索股捆成一根主缆索。

桥塔

桥墩

北锚碇

2. 举起主缆索的大高个儿——桥塔

要想让轮船自由通行,梁得远离江面,以免碰到船。这时就需要高高的桥塔,把连接梁的主缆索举起。五峰山长江大桥的桥塔约有70层楼高。

3. 拽住主缆索的"好搭档"——锚碇

主缆索被桥塔举起来后,还需要在两头用锚碇固定。五峰山长江大桥有南北两个锚碇。锚碇就像超级重的大秤砣,半埋在几十米深的土里,紧紧地拽住主缆索,防止其移动。

架到云上的成贵高铁鸭池河大桥

接下来，我们去崇山峻岭的云贵高原瞧一瞧吧。桥梁工程师在那里建了一座了不起的超级大桥——成贵高铁鸭池河大桥。

成贵高铁鸭池河大桥在 2019 年通车，它是一座建在高山峡谷之间，跨过鸭池河的拱桥。从高空俯瞰，桥拱好像架在了云上！

如何把桥拱"架到云上"？

1 吊装设备少不了

在高空搭建桥拱，需要一套专业的吊装设备——缆索吊。它由塔架、钢索和跑车组成，是高空建桥必不可少的工具。

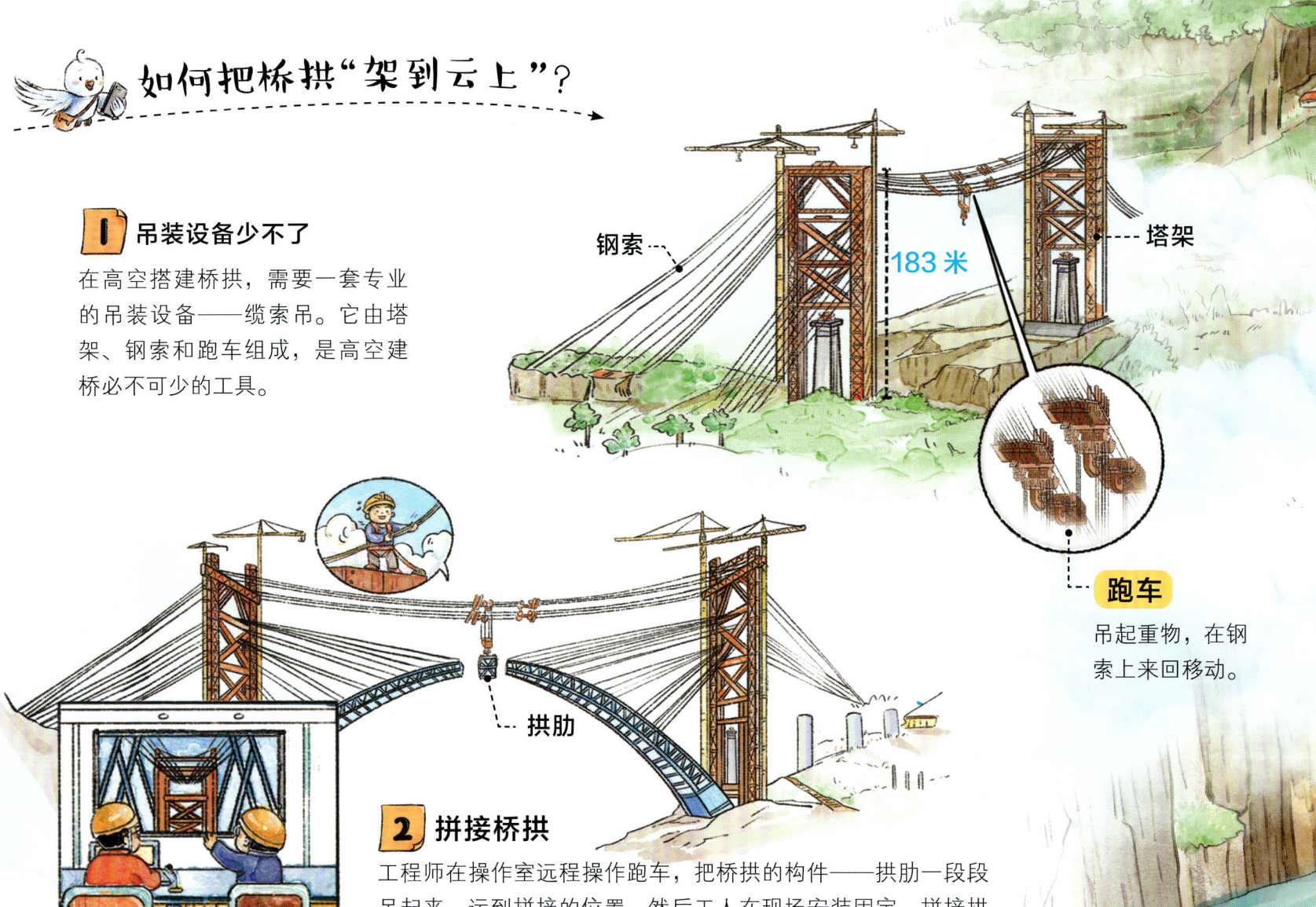

钢索

183 米

塔架

跑车

吊起重物，在钢索上来回移动。

拱肋

2 拼接桥拱

工程师在操作室远程操作跑车，把桥拱的构件——拱肋一段段吊起来，运到拼接的位置，然后工人在现场安装固定。拼接拱肋时，从桥的两边向中间进行。

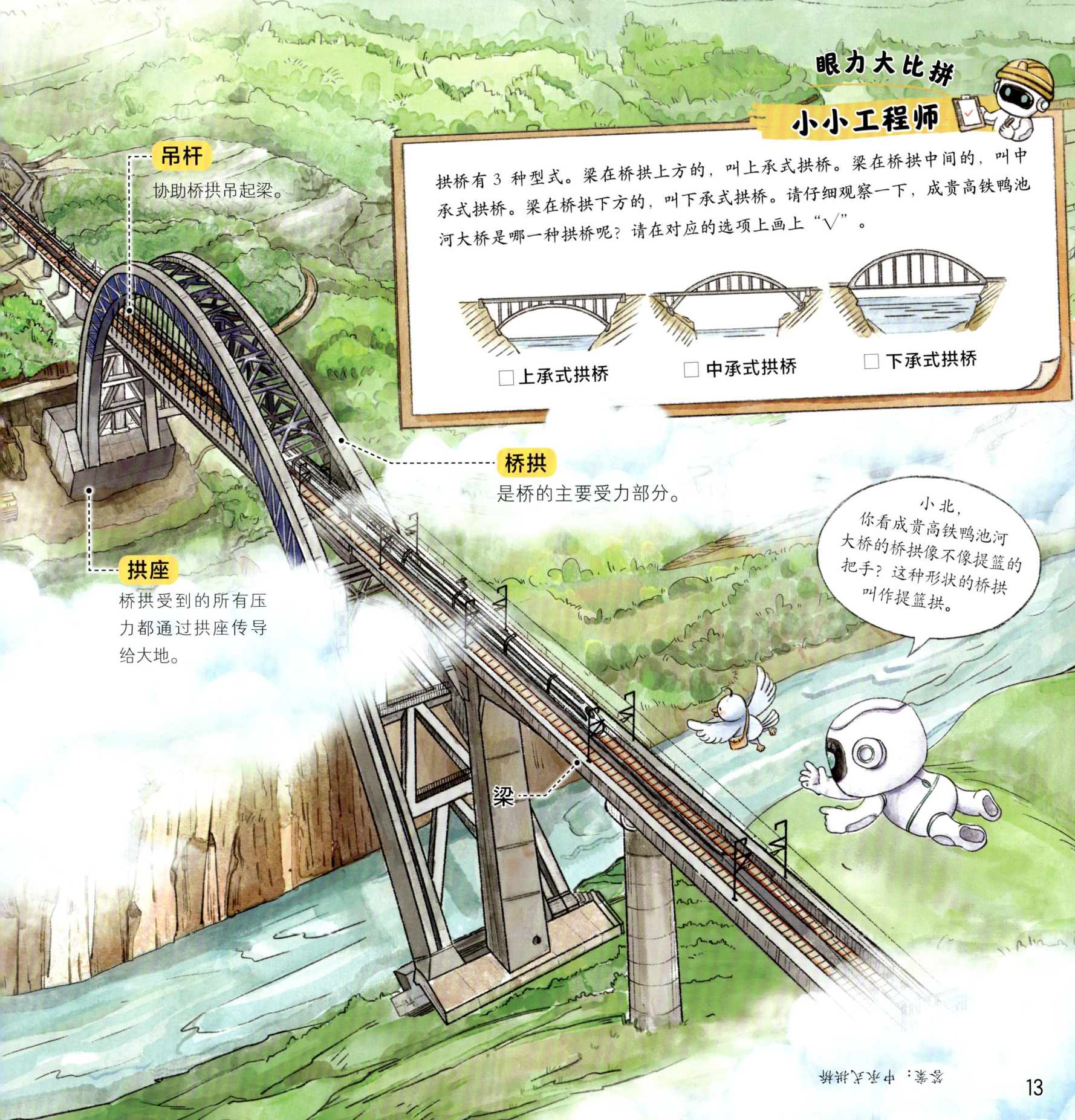

大瑞铁路澜沧江大桥"做体操"

桥还可以"做体操"？没错！看，云南的大瑞铁路澜沧江大桥的桥拱，灰色的混凝土里隐藏了"钢筋铁骨"，那是桥的"胳膊"。在建造这座大桥时，两边的山特别陡，一点儿平地都没有，无法使用大型设备建桥。

拼接桥的"胳膊"

④ 拼装"小臂"
在桥的"胳膊肘"上继续拼装钢管拱，组成桥的"小臂"。

③ 安装"胳膊肘"
在"大臂"上再安装铰，这个位置的铰是桥的"胳膊肘"。

② 拼装"大臂"
靠着两岸的山，用缆索吊在铰上一节一节向上拼装钢管拱，组成桥的"大臂"。

① 安装"肩膀"
在拱座上安装铰。这里的铰是桥的"肩膀"，能灵活转动。

混凝土里的钢管拱

桥拱

拱上立柱

工程师靠着两岸的山体分别建桥拱,这两边的桥拱就像桥的左右"胳膊"。为了把桥的左右"胳膊"连接在一起,工程师操控它们在高空中转动了两次,就像做体操一样。让我们一起探索桥的"胳膊",看看它们是如何"做体操"的吧!

梁

桥墩

2 让桥的"胳膊""做体操"

①桥的左右"胳膊"分别拼好后,接下来就要进行第一个"体操动作"。

②桥梁工程师操控钢索和"胳膊肘",转动桥的"小臂",直到它与"大臂"连起来,形成一个半弧形。

③桥梁工程师操控桥的"大臂"向下转,直到两只"胳膊"可以手拉手连起来。第二个"体操动作"就完成了。

中国第一座跨越外海的 东海大桥

中国的桥梁不仅跨越了江河、峡谷,还跨越了大海。海上的桥比跨江桥、跨峡谷桥更大、更长。

2005年,东海大桥通车了。它全长32.5千米,连接了上海市区与洋山深水港。东海大桥是中国第一座跨越外海的桥。外海远离陆地,那里没有岛屿、陆地遮挡,风浪超级大。那么,东海大桥是如何建起来的呢?

桥塔

梁

桥墩

巧妙设计S形

海里的水流方向各不相同。在海上建桥,桥墩的方向要尽可能与水流的方向一致,这样才能最大程度地减少水流对桥墩的冲击。另外,海底高低起伏很大,桥墩还要避免建在深深的海沟里,所以就有了S形设计。

在桥上开车拐弯,能看到不同角度的海上美景呢!

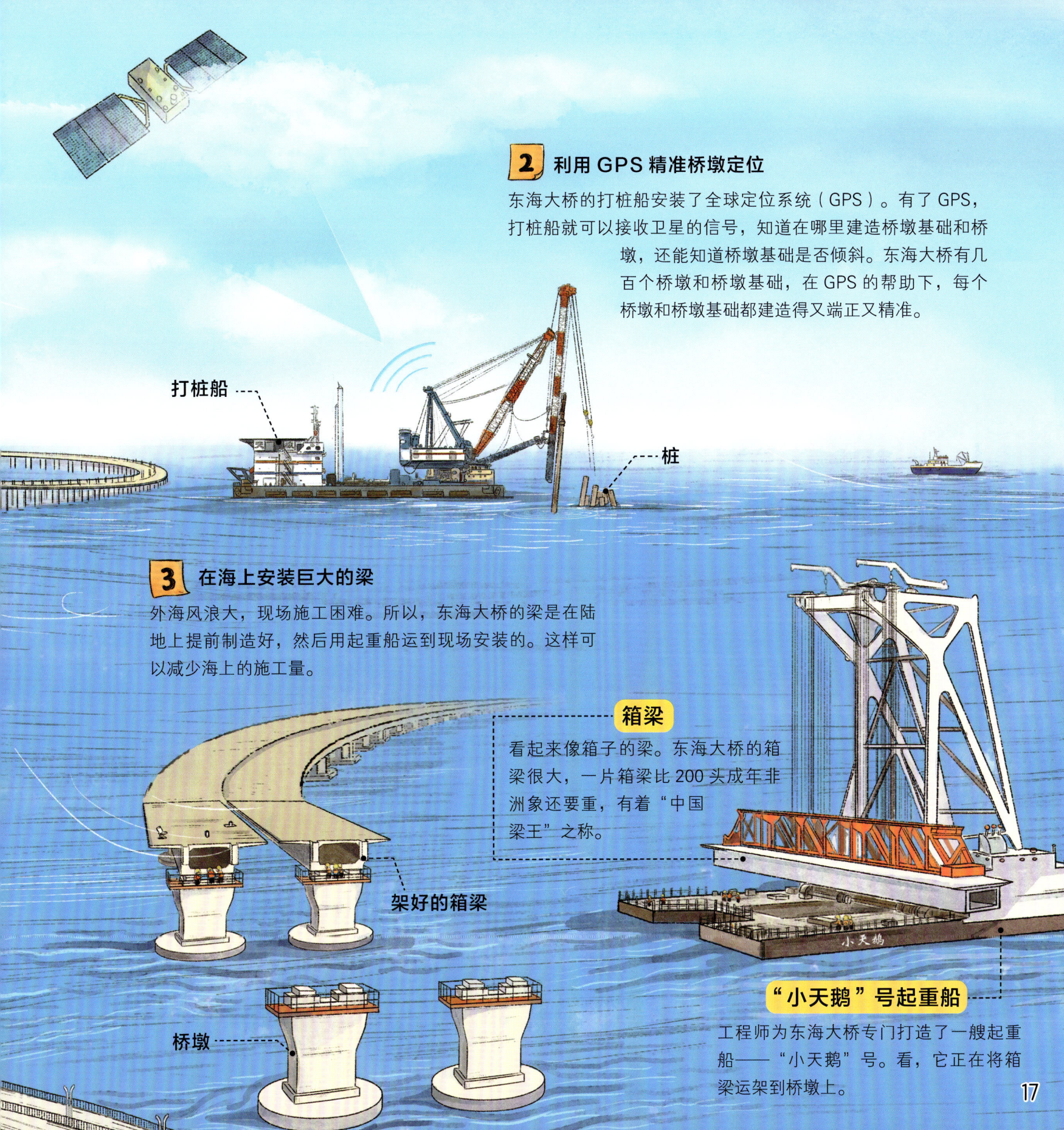

2 利用 GPS 精准桥墩定位

东海大桥的打桩船安装了全球定位系统（GPS）。有了 GPS，打桩船就可以接收卫星的信号，知道在哪里建造桥墩基础和桥墩，还能知道桥墩基础是否倾斜。东海大桥有几百个桥墩和桥墩基础，在 GPS 的帮助下，每个桥墩和桥墩基础都建造得又端正又精准。

打桩船

桩

3 在海上安装巨大的梁

外海风浪大，现场施工困难。所以，东海大桥的梁是在陆地上提前制造好，然后用起重船运到现场安装的。这样可以减少海上的施工量。

箱梁
看起来像箱子的梁。东海大桥的箱梁很大，一片箱梁比 200 头成年非洲象还要重，有着"中国梁王"之称。

架好的箱梁

"小天鹅"号起重船
工程师为东海大桥专门打造了一艘起重船——"小天鹅"号。看，它正在将箱梁运架到桥墩上。

桥墩

17

"肚子"里能开车的西湾大桥

在澳门半岛和氹（dàng）仔岛之间有两座跨海桥。但台风来临时，桥上禁止车辆通行。这给来往两岛的人们带来很多不便。能不能再建一座桥，让人们在台风天也能通行呢？

2005 年，澳门第三座跨海桥——西湾大桥通车了。天气好时，汽车在桥的上层通行。台风来了，汽车就钻进桥的下层——梁"肚子"里行驶。西湾大桥的梁"肚子"像是一个室内空间，可以阻挡台风。让我们跟着小北和指南一起去瞧一瞧吧！

梁"肚子"入口

桥塔

梁

有隔断的箱梁

西湾大桥的箱梁

在梁"肚子"里畅通无阻

西湾大桥使用的梁也是箱梁。但一般的箱梁内部有横隔墙来做支撑，空间也不够高，不能通车。而西湾大桥把箱梁竖着分成两幅箱梁，把单幅箱梁变窄；再用研发的高质量混凝土制作箱梁，让空间足够高，这样箱梁不用横隔墙支撑也能很稳固，车辆就畅通无阻了。

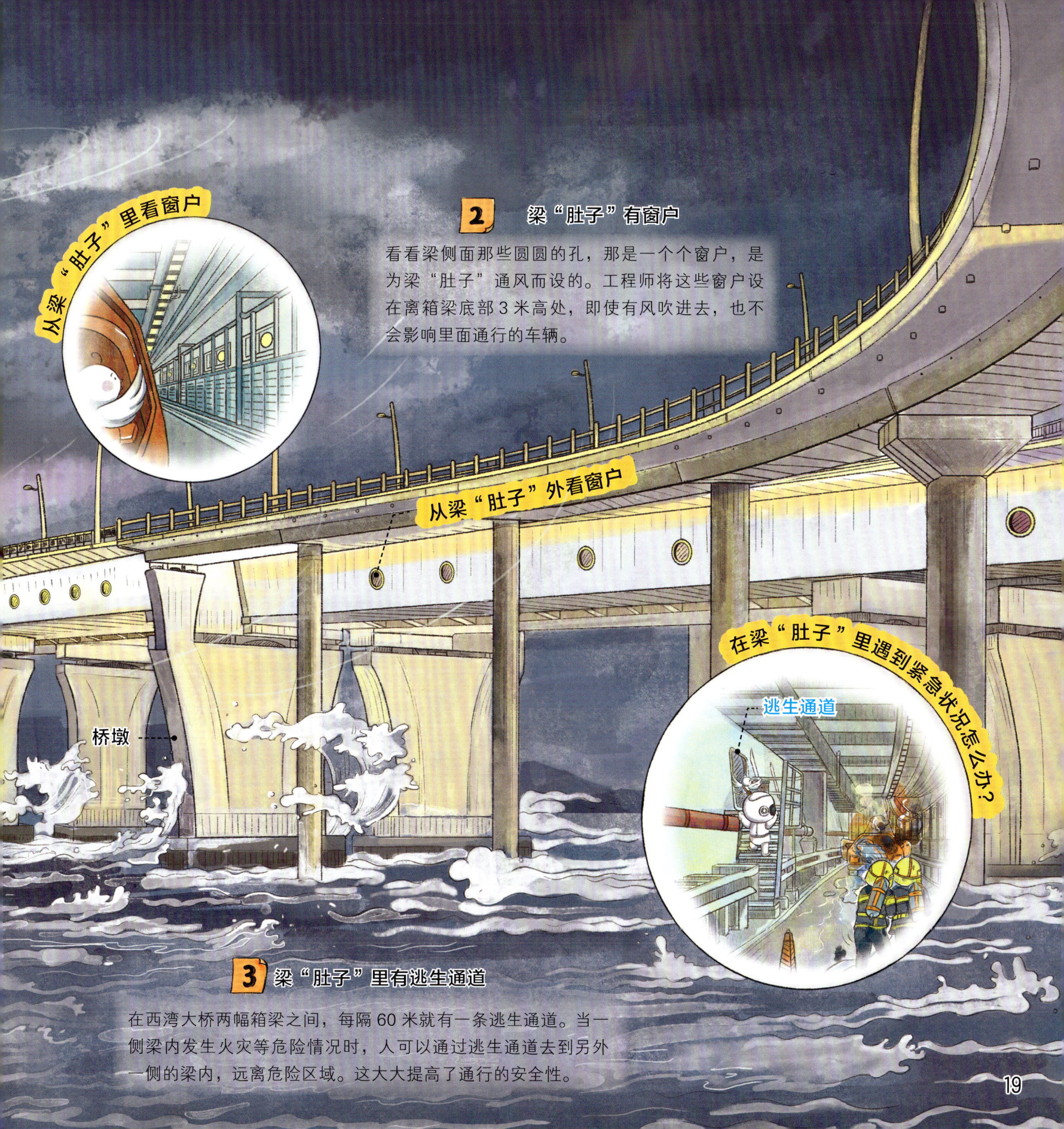

2 梁"肚子"有窗户

看看梁侧面那些圆圆的孔，那是一个个窗户，是为梁"肚子"通风而设的。工程师将这些窗户设在离箱梁底部3米高处，即使有风吹进去，也不会影响里面通行的车辆。

从梁"肚子"里看窗户

从梁"肚子"外看窗户

在梁"肚子"里遇到紧急状况怎么办？

逃生通道

桥墩

3 梁"肚子"里有逃生通道

在西湾大桥两幅箱梁之间，每隔60米就有一条逃生通道。当一侧梁内发生火灾等危险情况时，人可以通过逃生通道去到另外一侧的梁内，远离危险区域。这大大提高了通行的安全性。

世界上最长的跨海通道港珠澳大桥

看这条蜿蜒曲折的海上公路！这是2018年开通的港珠澳大桥。它全长55千米，连接了珠海、澳门和香港3座城市。港珠澳大桥不是简单的桥，而是由3座桥、两座人工岛和一段海底隧道等组成，是当前世界上最长的跨海通道。

现在，小北指南正开着车从香港前往珠海，让我们一起去看看吧！

北

海底隧道剖面图

香港方向

东人工岛

西人工岛

海底隧道

要进隧道啦！

人工岛是桥和隧道过渡的地方。

★ 航道桥：建在船舶行驶的航道上的桥。

为什么要建海底隧道？

港珠澳大桥近香港端的海域非常繁忙，每天有许多大型轮船往来。在这里建桥，需要用200米高的桥塔撑起大桥，让巨轮通行。但附近还有香港国际机场，高高的桥塔会给飞机的起降带来危险。于是工程师决定让跨海通道钻到水下，变成海底隧道。

青州航道桥

桥塔是"中国结"造型，象征着香港、珠海、澳门三地紧密相连。

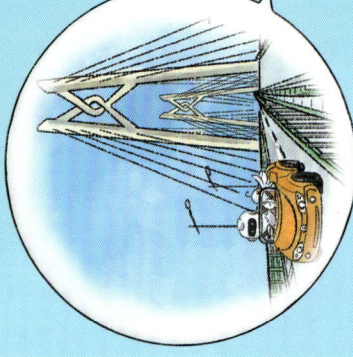

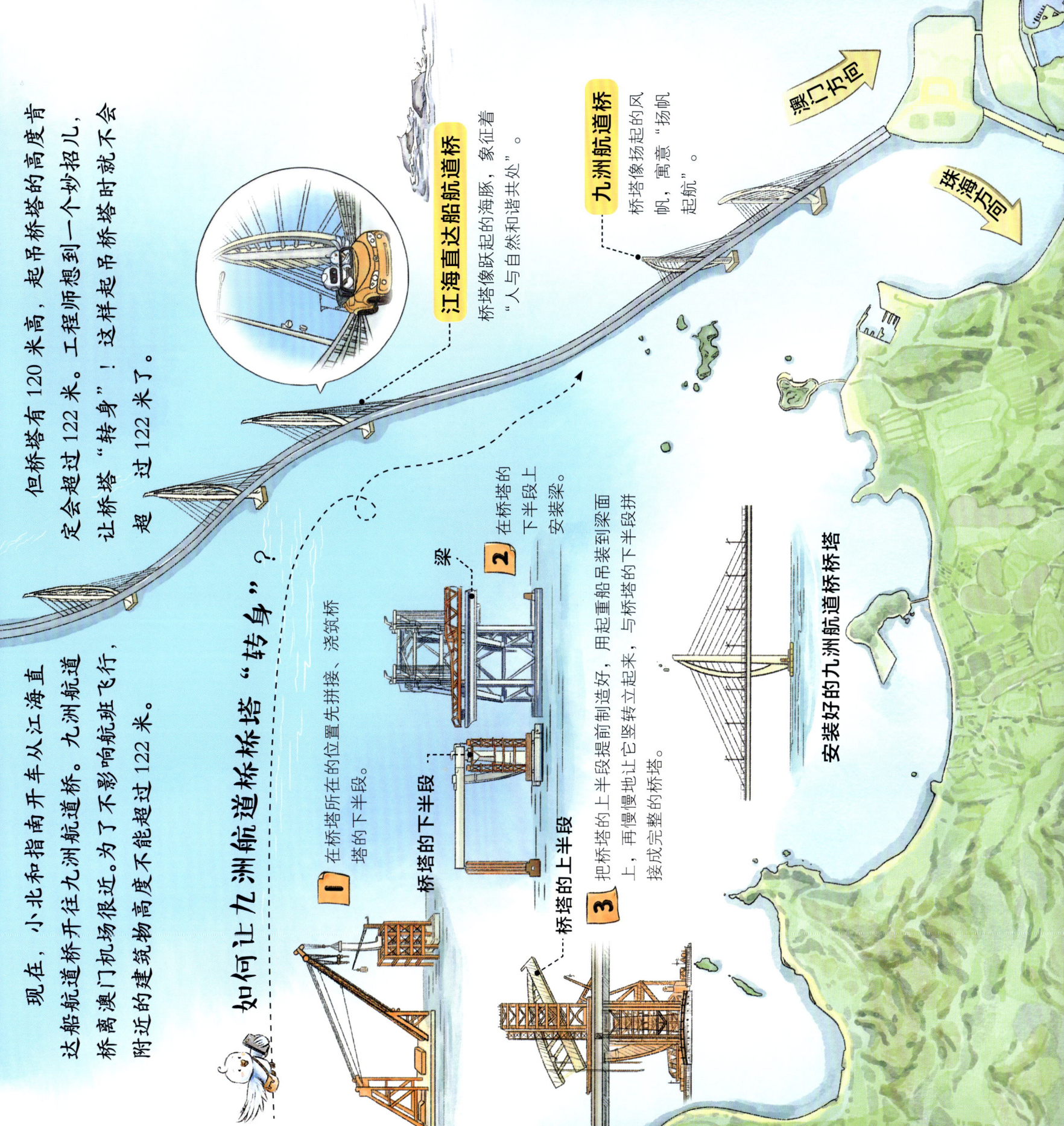

建在风口浪尖上的平潭海峡公铁大桥

  在平潭海峡上有一个远离大陆的平潭岛,那里的居民想要出行非常困难。平潭海峡是世界有名的风口,一年中有300多天都在刮6级及以上的大风。桥梁工程师和建桥工人花了7年时间,终于在2020年12月建成了平潭海峡公铁大桥。这座桥跨越4座海岛、4条航道,连接了福建省福州市和平潭岛。有了桥,人们终于可以方便地进出岛了。

  平潭海峡风大、浪急、水深,在建桥时,桥梁工程师经历了30多次台风,其中风力最高达到了14级。但桥梁工程师不怕,他们早就想出了应对办法!

1 精准研发环境监测系统

平潭海峡大风大浪的天气频繁。想要建桥,得跟大风大浪抢时间。可是当地的天气和海洋预报很难精确到桥址。为此,工程师研发出环境综合监测系统,在工地布置了波浪仪、风速仪,对水文、天气进行监测。这个系统可以精准预报桥址3~7天内的风力和海浪,位置可以精确到具体桥墩。

风屏障
桥上设置3.5米高的风屏障,能有效削减大风对桥面的影响。

大小练岛水道桥
桥塔
梁
平潭岛方向
钢栈桥
用混凝土浇筑梁
混凝土泵车
桥墩
钢栈桥

钢栈桥
是建桥的辅助设施。平潭海峡公铁大桥建好后,钢栈桥就被拆掉了。

2 建桥前先建一座钢栈桥

平潭海峡的风浪很大,如果用船舶在海上施工,船舶很容易晃动。为了在海上平稳施工,桥梁工程师在桥址旁先建了一座结实稳固的钢栈桥。在钢栈桥上,人和机械可以像在陆地上一样稳稳地行走、施工。

桥梁也需要"看医生"

你知道一座桥能用多久吗？答案是短则几十年，长则数百年，甚至上千年。在这么长的时间里，桥梁怎么会不疲劳、不生病呢！特别是覆盖在钢梁骨架和梁上的桥面，常年经受日晒雨淋和车辆的碾压，很容易损坏。2016年10月，南京长江大桥已经工作了近50年，上层公路桥的混凝土桥面伤痕累累。"桥梁医生"决定给大桥换一个更坚固、更轻盈的钢桥面板！

1 切除旧的混凝土桥面

切割混凝土桥面会用到一个很特别的工具——绳锯。它切起混凝土桥面来，就像切豆腐一样轻松。在切割时，"桥梁医生"从桥的中间向两边倒退着切割。

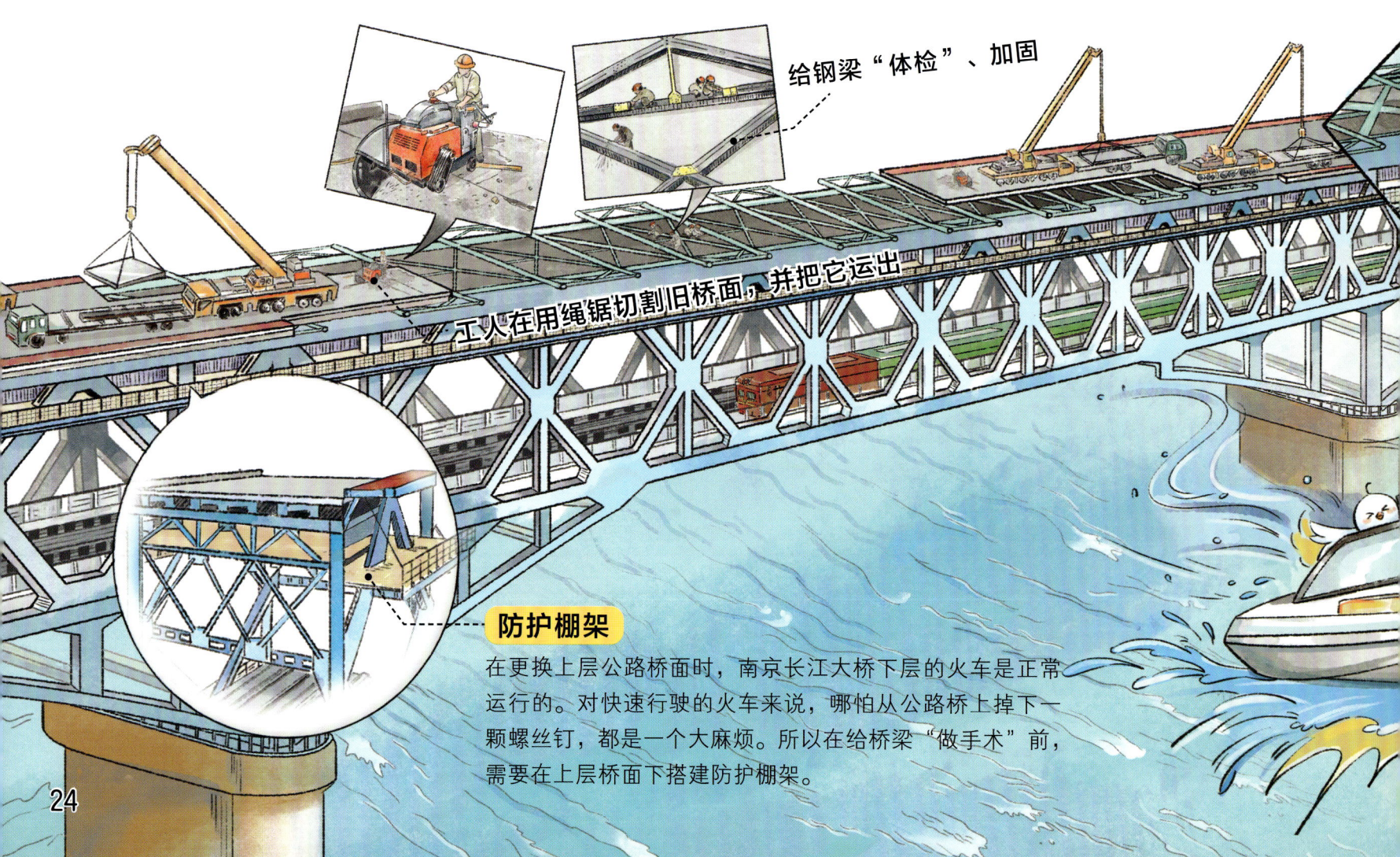

给钢梁"体检"、加固

工人在用绳锯切割旧桥面，并把它运出

防护棚架

在更换上层公路桥面时，南京长江大桥下层的火车是正常运行的。对快速行驶的火车来说，哪怕从公路桥上掉下一颗螺丝钉，都是一个大麻烦。所以在给桥梁"做手术"前，需要在上层桥面下搭建防护棚架。

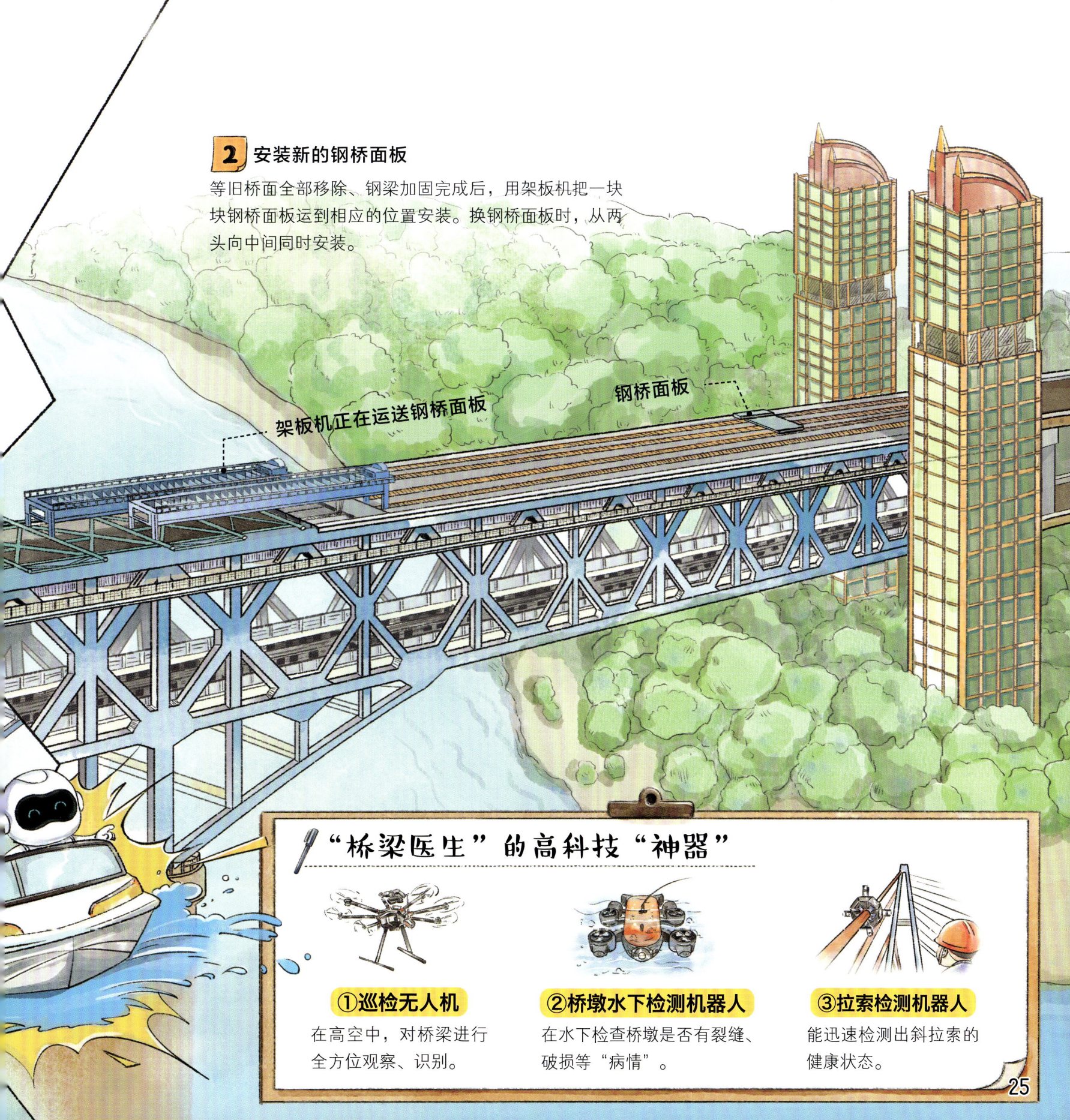

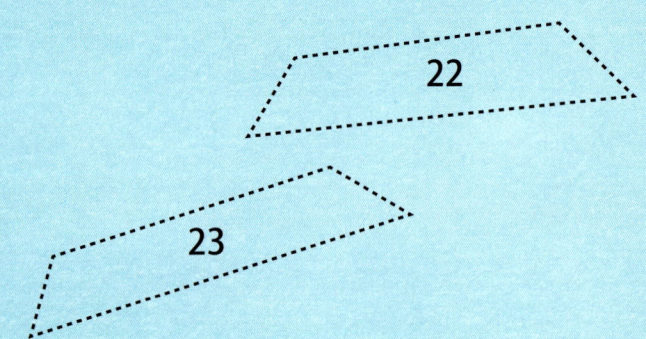

小小工程师　DIY 我的"超级工程"

看了这么多桥，自己尝试制作一座吧。制作时，请注意手工页的正背面都有标号哟。

第1步

沿模切线将"身体一""身体二""身体三""身体四"取下来，把"身体一""身体二"的"1"粘在一起，"身体三""身体四"的"2"粘在一起，制作出桥完整的"身体"，然后沿着内折线折叠"身体"。

第2步

继续沿模切线将"梁一"和"梁二"取下来，把"梁一""梁二"的"3"粘在一起，制作成一座完整的"梁"，然后沿着外折线折叠"梁"。

第3步

沿着内折线，将"梁"上的"8"~"17"分别向中间折叠，然后插到"身体"上相对应的标号处。

最终完成效果!

建议使用双面胶粘贴,效果更好哟!

第 4 步

把"身体"的"4"~"7"粘贴到本页,请注意将桥的中间位置与书的中缝对齐。

第 5 步

把"桥塔一""桥塔二"的"18"~"21"沿内折线向中间折叠,然后分别插到"身体"的"18"~"21"处。

第 6 步

沿模切线将"草丛一"和"草丛二"取下来,沿内折线折叠,粘到本页相对应的标号处。好了,"超级工程"就做完了。

"超级工程"的时空穿梭
中国桥

赵州桥（605 年）
位于河北省石家庄市赵县，是目前世界上现存最古老、跨度最大的敞肩圆弧拱桥。

洛阳桥（1059 年）
位于福建省泉州市，是中国现存最早的跨海石梁桥。

泸定桥（1706 年）
位于四川省甘孜藏族自治州泸定县，是体现出建造时最高技术水平和能力的铁索桥。

武汉长江大桥（1957 年）
位于湖北省武汉市，是万里长江第一桥。

京沪高铁大胜关长江大桥（2011 年）
位于江苏省南京市，是世界首座双连拱六线铁路桥。

江阴大桥（1999 年）
位于江苏省江阴市，是中国内地首座跨径超过千米的桥。

南浦大桥（1991 年）
位于上海市，是中国较早的现代化斜拉桥。

沪苏通长江公铁大桥（2020 年）
位于江苏省，连接苏州市和南通市，是世界首座跨径超过千米的公铁两用斜拉桥。

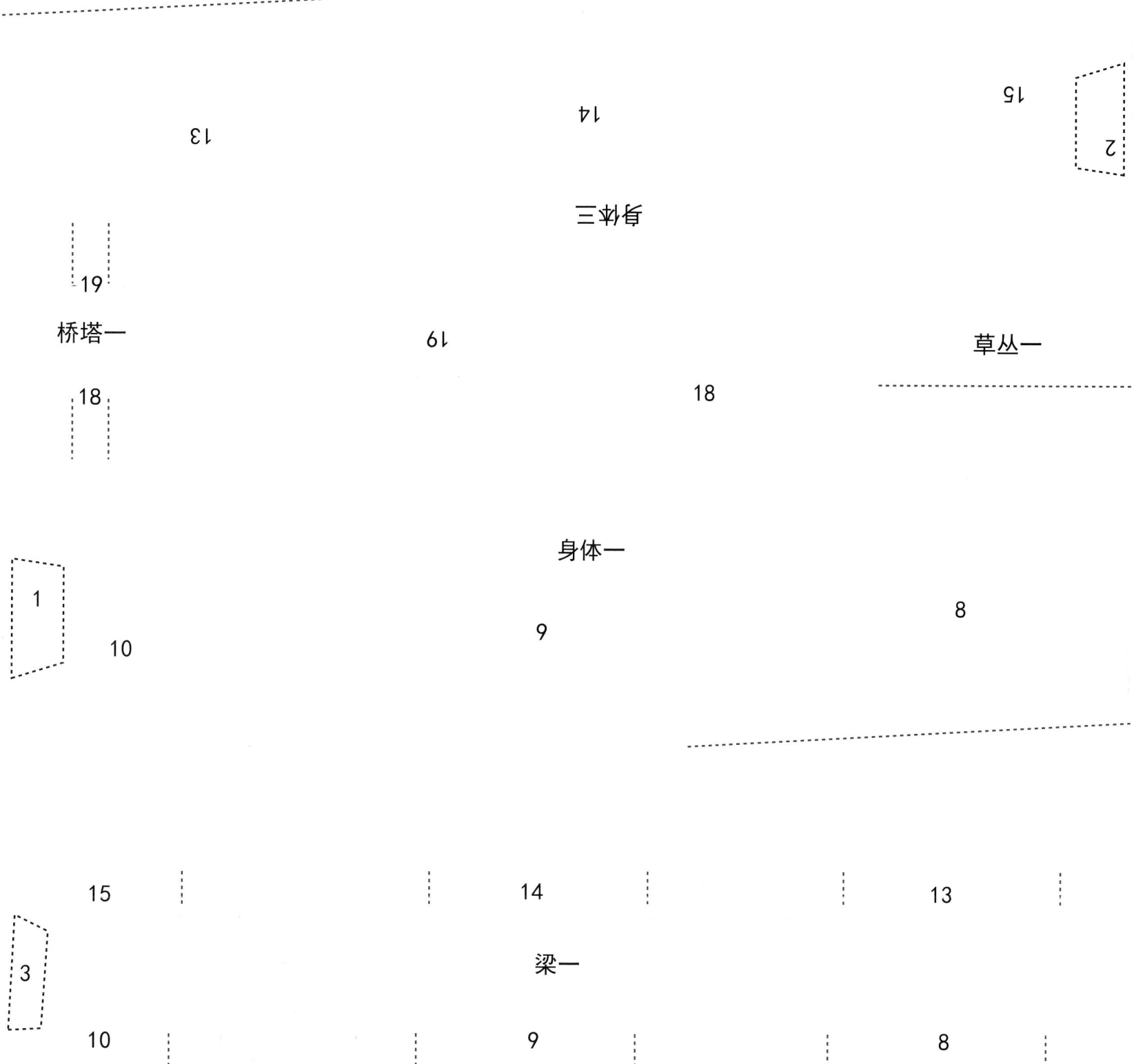

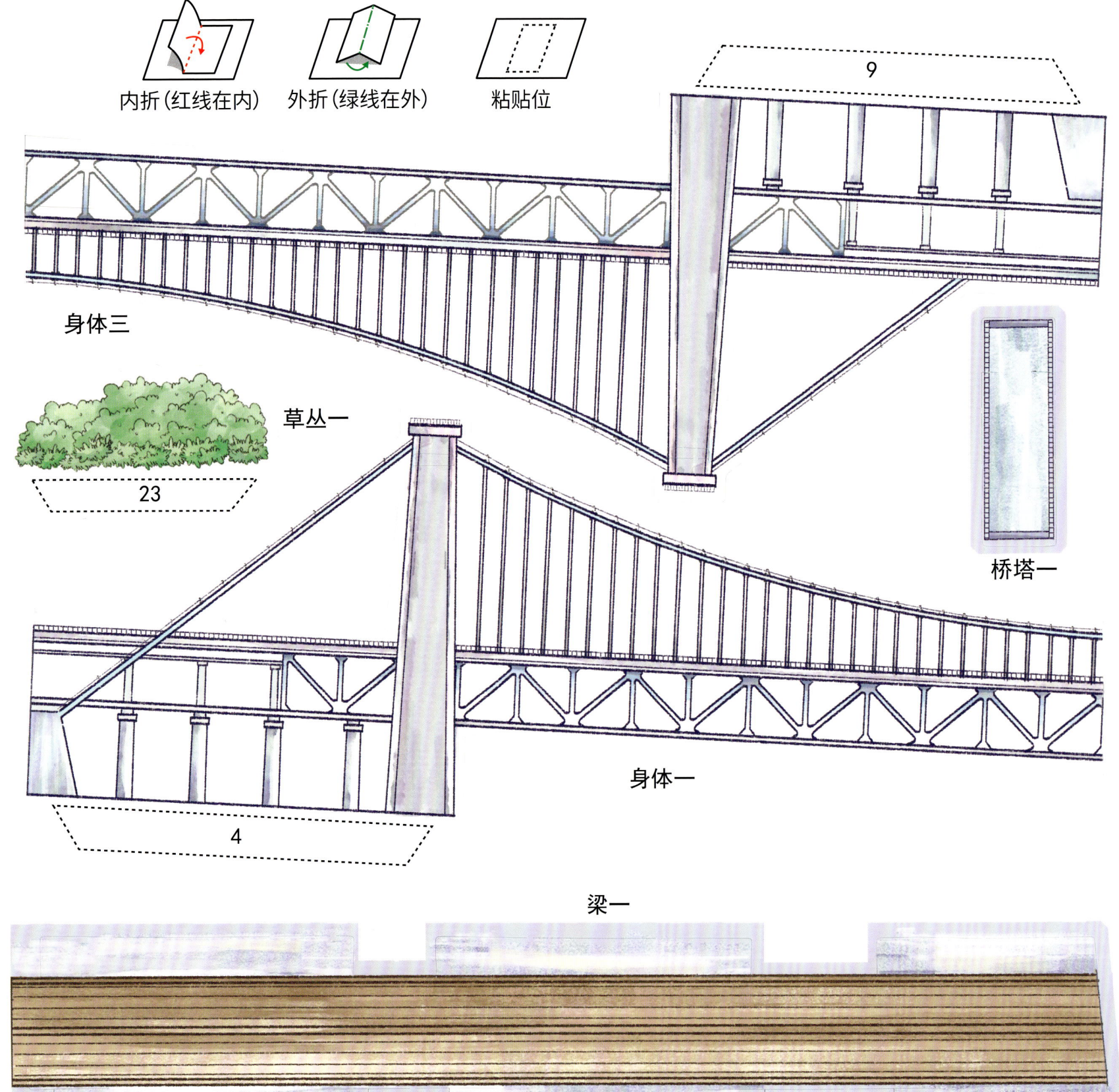

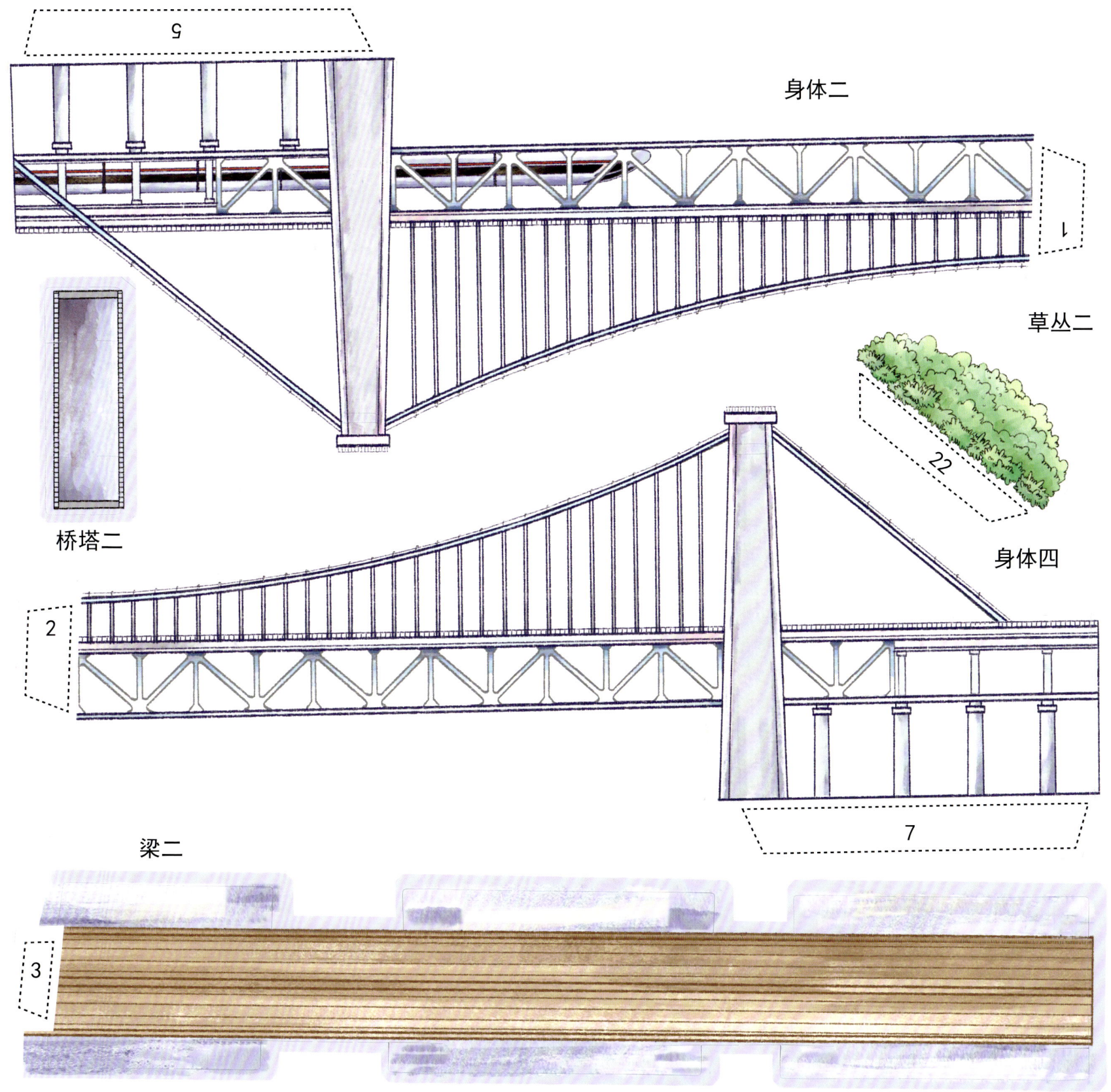

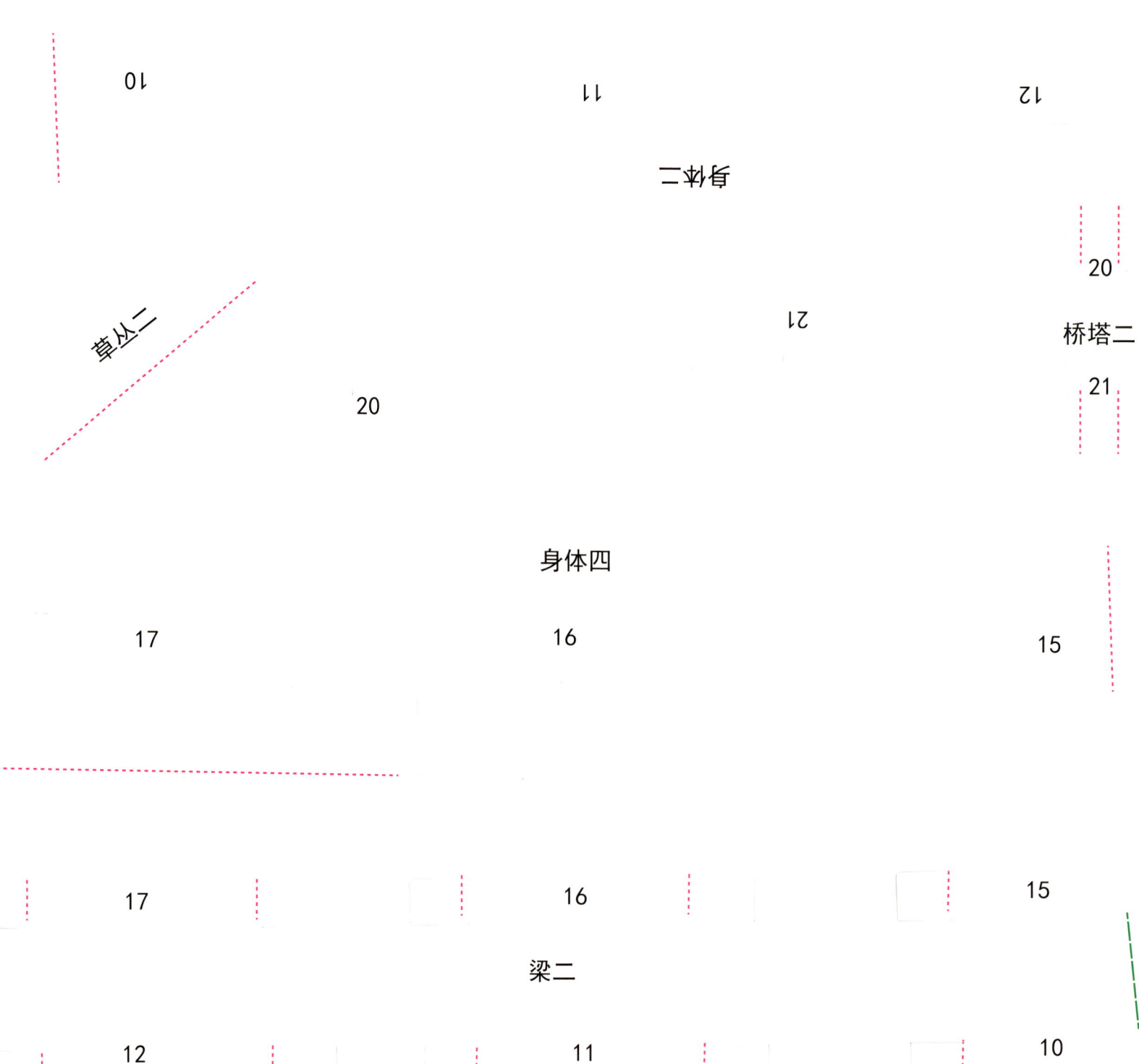